Robson Gamaliel

A Ruptura

Copyright © Editora Reformatório, 2013.
A Ruptura © Robson Gamaliel, 2013.

Editores
Marcelo Nocelli
Rennan Martens

Revisão
Ricardo Celestino

Ilustração
Manu Maltez

Projeto Gráfico, Capa
Leonardo Mathias | flickr.com/leonardomathias

G186r	Gamaliel, Robson.
	A Ruptura. / Robson Gamaliel.
	São Paulo: Editora Reformatório, 2013.
	ISBN 978-85-66887-00-6
	1.Poesia brasileira I.Título.
	CDD – 869.91

Índice para catálogo sistemático:

1.Poesia brasileira : Literatura brasileira   869.91

Todos os direitos desta edição reservados à:

Editora Reformatório
www.reformatorio.com.br

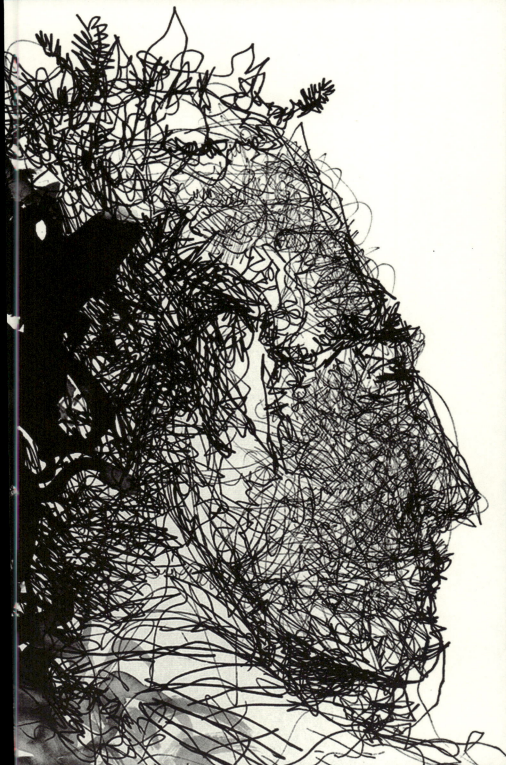

011 Plano Fundo
013 Feliz idade
015 Poetas vestiram-se (rosas)...
017 Possivelmente é o fim...
019 Poderia eu parar de sofrer com o amor...
021 Em seu colo desabo...
023 Seu teor de Filomena
025 Ofício
027 Matei meu amor martelando...
029 A ruptura
031 Abismo
035 As dores do mundo
037 Corrosão
041 Dupla cidadania
043 Acidente

045 Falso coração
047 Hoje
049 No topo do mundo
051 Olhos tristes
055 Aos que sabem demais
059 Penduricalho
061 Paralelos
063 Engano
065 Missa de sétimo dia
067 Sofro
069 Inexistente
071 Soneto do adeus
073 Tóxico
075 Transpor
077 Vício
079 A língua...

081 Amanhã
083 Do mundo
085 De vez em quando
087 Gasto
089 Descompassado
091 Comunicamos
093 Pensamentos
095 Costume
097 Tato
099 No coração a culpa...
101 Alguém me disse que é tempo de decadência...
103 Antes que o sol se ponha
105 Mesmo que eu fosse perfeito
107 Importante
111 Um dia
113 Rastros

Ela virou as costas
e não houve fim do mundo

Plano Fundo

Passados são falhos
futuros sensatos
escolha e recolha
o entulho disposto
sou tolo
sou curva sou louco
fuligem da casca
do tronco do Ipê.

Feliz idade

Pela felicidade do uso do amo, do verbo amar
do sorriso subjetivo, infalível e sem graça verbo sorrir
que me abala, arrasa-me da cabeça aos pés
pena que é pouco
rápido
fugaz
palpita versos infames contra a tristeza que ousa refugiar
corações iluminados na penumbra de sua autodestruição.

Reflita em mim felicidade pois os poetas hão de morrer
tristes em suas próprias reflexões otimistas
e se feliz estou não é a toa
não é casual, não é cotidiano
é felicidade da alma cravada na polpa gasosa do eu além
[mim.

Não é beijo, não é abraço ou falar bem de ti, de mim
[do céu
cheirar doce perfume, morrer de amores, matar temores,
[mesclar desejos
felicidade... pobre pacata, hoje além de feliz
move o lábio que propaga uma gargalhada nos confins de
[mundo algum.

Toda sua simplicidade seria escrita no livro dos mil
[amores
cantada pelos becos, pelas bocas dos cantores
entalhada pelas mãos dos marceneiros
remarcada no coração dos não amantes
feliz subjetiva sensação
que parte além mar rumo ao infinito coração meu sem par
quem sabe onde surge?
Pura paira sobre o ar
felicidade minha...
por que não posso dizer de ti eterna?

Poetas vestiram-se (rosas)
vermelhos poemas voaram
avistam vestígios em roupas
alados...cortaram seus pés.

Comboios cantaram cantigas
contigo somando iguarias
um dia em que as coisas são belas
um dia em que as coisas são puras.

Finados distúrbios choraram
são menos, são fortes, são frágeis
em parques palhaços sorriram
mostrando nos dentes desordem.

Disfarces forjaram carência
o concreto cravou-se em dois pregos
curvados seus olhos choraram
no vulto do abuso a inocência.

Possivelmente é o fim
assim...
sem chão

Possivelmente é a mim
é sim
é não

Nitidamente é cruel
chorar
em vão

Naturalmente o papel
se faz
canção

Poderia eu parar de sofrer com o amor
sofrer por saber-se um ser só, não um par
sofrer pelas fotos na sala de estar
chorar ao olhar de relance um estranho no céu a se por.

Poderia eu ser mais sábio e menos humano
ou mais humano, menos pensar
controlar o corpo, a mente, o céu
hoje... sou homem de papel, talvez frágil, em branco.

Poderia eu não me enganar tanto quanto me engano,
coração vira pedra
novamente
o sol fica cinza, a lua amarela, o chão carcomido
a lembrança... uma névoa
tudo fica estranho, o tempo não passa e o tédio renasce
[absurdo.

Poderia eu ser simplesmente algo que não sou
ser o que já fui, o que ainda vou ser
mas estou limitado entre a cama
o colchão
e você.

A Ruptura

Em seu colo desabo
em meu mundo desejo
e se acordo e não vejo
reflito e percebo
que sonho e não durmo
não guardo ou escondo
espalho nos cantos
meu rastro, meu pranto
meus trancos, barrancos, pegadas
que tornam-me santo, manada
sintoma de cada doença que tenho e não sei

rascunho de tudo que penso e não sou

saliva de tudo que falo ao mentir ou mentor

cadarço amarrado ou soluço espontâneo da flor.

Seu teor de Filomena

Com o apelo do peço lhe exijo
que passe por canto sem preço
lhe coço, lhe faço
fingindo de conta que voltas são idas
que falhas são perdas e peças são causas
e portas são falsas e forço-me a falta
abandono a memória,
a conquista
as falhas insanas.

Sou eu, sou tudo, não como um todo
como um toldo rabiscado
a gratidão de Filomena
que sem graça, sem jeito
mentiu que me ama de um jeito materno
não vivo, nem morto
fraterno meu jeito na festa
na lista de coisas inúteis que juram
visitas aos santos heróis de batina.

Sou ela, sou tudo, sorteio de peças baratas
esgoto da fossa da vida, assim....
mal mastigada,
recém corrompida por velas de aroma sublime,
do fel que percorre sua veia, sua velha mania
primária, segunda promessa não falha
segundo surgiram os boatos de beatos
que não anjos profetizam
comentários de malícia contra ela,
Filomena, pura e bela,
decadente
dependente de um amor inexistente
entre ela, pura e linda Filomena.

Eu lhe falei de um lugar onde nos sentiríamos no deserto
sua gratidão me consolou, partimos em silêncio
desatentos com o resto do mundo
não pequeno, não formidável
o nosso pedaço de encanto Filomena
seca e pura....deito e sinto
o seu suor
o seu teor de Filomena

Ofício

Sinto pela falta de bom senso por minhas poesias
[métricas

tântricas quando trato das posições

físicas quando trato de sua massa, suas proporções

deliciosas quando escrevo e mastigo suas folhas

densa quando escrevo repleto de ideias

maciças maçantes heróicas ou protestantes

cambaleante quando sinto seu gosto nos versos

seu corpo nos passos que escuto no cômodo oposto
[em escala de guerra
a barbárie de beijos
de pedras e furos nas botas
de gatos que vivem
sua sétima vida.

Matei meu amor martelando
com pregos palavras
um pouco de tudo
que quero dizer.

A ruptura

A ruptura é um traço, um laço
simples a seu modo
fácil construção.

A ruptura é brusca
uma porta na cara um sorriso na nuca
uma vontade ininterrupta de quero um pouco mais.

A ruptura é voraz
um conselho que torna incapaz
o contato a seus olhos miúdos
complicados e inexpressivos.

A ruptura é um corte
uma fenda estendida a colheita não farta
o roçar do seu lábio no rosto do outro
o constante desejo de não quero mais.
O palco insano, a falsa vida, a roda, o terço,
um temporal, um devaneio.

E vem a hora, e vem o tempo, a tentação
e vem a barba, e vai cabelo
e nasce o orgulho e morre o medo
encontro o sol e durmo frio
no caos do inverno.

E não discuto o por do mar
o sal do reino, a pobre tarde
um contratempo ou falso indício
o temporal
o mal em mim
a contragosto

a ruptura.

Abismo

Onde encontram-se os grandes homens, grandes decisões
é o ponto final ou começo de tempo novo sem fim
o altar das demências torpor da inocência
no abismo, as decisões são corretas
loucuras louváveis
amantes, amados
no abismo, no fim
no começo
abismo

Pensamentos intransigentes não levam ao topo
não morrem sem cor na falta de bons augúrios
na falta de controle fraqueza necessária
fraqueza que enobrece, maltrata
engrandece e torna a ser fraca
a fraqueza de todos é farta
problemas são falsos
a escolha... faceira
o resultado?
abismo

Se encontram os que sabem de menos do todo ou do nada
se sabem sem saber o que de fato representa o verbo
se impulsionam lado a lado, ombro a ombro
contra o vento, contra o erro
desespero enfim derrota
o fim no recomeço
o nada em vão
pensar enfim
abismo.

Sentimentos se reúnem, festejam o fato de serem soberanos
a razão não desce, não sobe, simples razão, analítica, fria
os que se salvam não esperam poder pensar, viver
amar depois do fim, do abismo, depois de tudo
e se assusta, afaga com mãos de menina
maltrata, beija, se machuca logo cura
nunca se estende, o abismo não mata
não morre, não vive sem viver
simplesmente aguarda o dia
a coisa que homem do mundo
precisa e deve saber de fato
para assim ser chamado
homem do mundo
herói vagabundo
ser homem
no abismo.

As regras são folhas que voam, pedaços de letras na nuca
dos tolos, o principio, a exceção, necessidade desnecessária
a jaula no abismo, a forma que diz trapaceira
no fundo do abismo a luz brilha forte, insana
o pensar em seu nível supremo se faz
não sem querer, não aleatório e sim
ditador e arbitrário
em questão de sentidos
sentimentos batidos
atordoado sentir
gostoso, cruel
supremo
abismo.

As dores do mundo

Chega a noite e chora o homem
um choro abafado
choro de criança de outrora
lágrima sem cor.

Um homem que chora, se entristece
selvagem, meramente homem,
nada mais que nada
talvez uma gota ou simples acaso
quem sabe até mesmo matéria, excesso de formas
um dia um paspalho...
no outro também.

Um simples homem, uma dádiva, uma dúvida, um folclore
pedaço de tronco, pastilha no asfalto
ameno, contrariado, contraditório, enclausurado,
o homem não sabe, o homem não faz,
se vive... é por simples convenção, hábito, costume
nada foi homem, nunca foi mundo, partícula,
o cume de suas próprias entorpecentes visões declina
o faz vislumbrar o céu,

o limite e a honra de homem que é forte
não chora, não se entristece, não morre

Razões

Quem precisa de razões?

Um homem chorando já basta

as dores do mundo

no peito de um só.

Corrosão

Quem me dera ser possuidor da coragem dos bravos
possuidor nem que fosse de uma pequena parcela
[do fervor dos fanáticos
que houvesse em minha mente o pensamento dos
[lunáticos
e em meu coração o transbordante amor dos excluídos ou
[exilados.

Que Meu cordão umbilical fosse cortado dos prédios
em dissonantes acordes violões desafinados
o tráfego
o trabalho
o dia a dia e seu refrão assaz grudento, incomodo,
barulhento

Nos cômodos o lamento daquele que vive só
nas horas... ponteiros, registros de tempo passado

Que o fogo de meus olhos fosse o fogo do inferno
o sumiço de meus ossos fosse um trunfo de meu leito
e que das lágrimas de minha elegia surgisse uma ode às
[terras virgens,
aos pensamentos intocados e aos dizeres alegóricos,

fantasiosos.

Quem me dera poder viver todo dia a vida que habita o plano de fundo do cotidiano
que ano após ano pudesse aprender com menos tapas, menos cortes ou feridas
condecorado ser com mil medalhas merecidas,
hastear a bandeira da verdade libertária, quem me dera...
se ao menos eu pudesse gozar dos prazeres de minhas
[invenções.

Pudesse quem sabe amar, sorrir sem motivo,
se eu pudesse passar um dia inteiro sem reclamar, quem me dera...
saber de tudo um pouco e ainda assim ser especialista
ser um mártir contra o tempo/espaço e sua postura fascista
dormir quando tiver sono
beber quanto tiver sede
poder definir o abstrato com simples palavras
com falhas... moldar o limite existencial de minha utopia.

Quem me dera ser eu mesmo em tempo integral
ser o rei de meu populacho e fazer de meu
condado a capital de um mundo vil.
Quem me dera ser possuidor da razão inabalável, do pleno amor, do contraste apaixonante de vidas que não se
[cruzam

olhares que não se intimidam, sentidos que não se revelam
e passos que mudos caminham.

Quem me dera não desejar a perfeição de seu contorno
a confusão de sua cabeça, a maldição de seu sorriso
a controvérsia de seu mundo.
quem me dera...
quem me dera...

Dupla cidadania

Discuto e reflito
  me meto e me sinto
   descubro o refeito
    fazendo de conta
     que é fácil ser falho
     difícil é ser puro
      falante ou pensado
       mais claro é meu mundo meu medo, meu ódio
  são flores, são folhas colmeias de abelha
  são casas em margens serpentes em telhas
  de mares cinzentos são leves, são doces
  sem coisas, cem foices mil homens, dois deuses
  distantes pastores dominam suas crias
  pastando nos bosques donzelas e amores
de amantes fajutos constroem suas trilhas
    de pedras marinhas dispostas no ar

               se penso e resolvo
               ser dono do mundo
               e me engano
               me escondo e descubro
               ser tolo, ser burro
               fui livre, fui solto
               fui muito, fui pouco

Acidente

Ela atravessou a rua cabisbaixa
                      (taciturna)
contando seus passos com grande ternura
          (paciência)
cantando baixinho a canção que lhe livra da culpa
                      (do medo)
esperando encontrar do outro lado o segredo da vida
                (da alma)
Contou quinze passos, quatorze compassos em lá sustenido
                          (stacatto)
andou sem olhar para os lados, cabelo na face, descalça
                (chão quente)

Falso coração

Ela deu um passo em falso... desequilibrou-se
atentou-se a detalhes miúdos e frágeis... tropeçou
tendo em mente seu ato otimista de cura... levanta
descobre que ama seu mundo e dedica-se a ele... mas cai

Ela talvez escolheu se matar por ternura... clemência
por medo de vê-lo chorando sozinho... sujeita-se
a opor seus sentidos covardes em flores... desiste
e inicia o romance que a leva a loucura... então cai

Ela discute seus planos de fuga sozinha... mas erra
maluca carente, incoerente em seus atos... se engana
disfarça seu medo entre ursinhos de pano... se perde
nos sonhos de dias perfeitos em cores... mas cai

Ela disfarça vontades em cenas de sexta... e voa
entre nuvens douradas de filmes antigos... e plaina
em mundos criados com base naqueles que ama... e para
e sem mais se descobre pedaços rompidos de tudo que foi...

então cai.

Hoje

O medo renasce,
assim...
indesejável.

A vida parece,
assim...
desagradável.

Eu permaneço,
assim...
desajeitado.

Tudo conforme o previsto,
assim...
desajustado.

No topo do mundo

No topo do mundo uma escada
no topo da escada uma vela
no topo da vela, só fogo
no topo do fogo a miséria.

No topo do mundo uma escada uma estrela na ponta
por baixo do solo, miúdos
avistam um ponto de fuga irrisório
correntes não deixam a perna mover
serpentes corrompem os olhos do bem
amarras na alma, no torso doído
na face a discórdia, vontade de sobra
para ver além fogo...
aquilo que brilha.

No topo do mundo uma escada
no topo da escada um estrela
no topo da estrela um covarde
no topo do mundo uma escada.

Por que olhos tão tristes?
Certamente olhos que só veem verdades
olhos que pensam, olhos que estranham-se as vezes
olhos tristes que veem em silêncio o que a boca não diz
olhar taciturno, necessário
olhos tristes que marcam
com ferro quente a etapa da vida, aquela que morre
e nasce novamente, mais forte, completa, brilhante
brilhando com o brilho do sol no poente
olhos tão tristes, um dia felizes... quem sabe?

Certamente olhos que sabem
olhos extintos
olhos cansados
olhos famintos
que nunca se cansam de olhar.

Por que me olhas com olhos tão tristes?

Por que me olhas com olhos tão tristes?

A Ruptura

Aos que sabem demais

Os que sabem demais
que se calem
aos tolos que reste um pequeno fio de sabedoria.

Que venha o dia da utopia
que venha mais um dia, seguido de outro dia
repetidamente criando um aglomerado de papéis amassados
números riscados no calendário.

Que a ordem seja legitimada como baderna
e que a falcatrua seja considerada poesia
viva a falsidade...
cantemos odes ao pessimismo e à indecência
que as rosas enfeitem o túmulo do plebeu apaixonado
e a moldura eternize a infelicidade da princesa
[egoísta.

Os que sabem de menos que gritem a plenos pulmões
aos sábios, que reste a utopia da razão
repetidamente, criando assim um amontoado de papéis
[rabiscados
palavras sem vida

sem vida também as letras
nem mesmo os sábios estão vivos
se é que existe sabedoria no homem de hoje.

Que a loucura figure no intransigente plano dos padrões
que a monotonia da vida seja inconsequente
e que fatigados abracemos os inimigos e aliados
em forma, pose e decência

que tomemos nós mesmos como hipócritas
malditos e carentes, aflitos e contentes
sorrisos e repentes sobre a terra que não piso
chão sagrado.

Aos que maldizem resta o medo inconformado
o piso decorado enfeita o sono
a tragédia
o poço, no fundo, reserva carência,
poesia
dos canos transbordam cores, palavras,
demência
ao todo, resta a incoerência do uno
do inexistente,
do abstrato e do corroído
das portas fechadas

do ar rarefeito,

um deus inventado
um amigo do peito que morre
ao amor que nasceu sepultado
as glórias que definham na falta de um aplauso
mãos que se batem, pernas rijas, face indisposta.

Aos que sabem demais que sobre silêncio
que faltem palavras, que falte o discurso, que falte coerência
que a morte venha ao encontro, o deslocado
que a vida venha torta, venha ao mundo um desalmado.

Penduricalho

Palavras que faltam quando mais preciso onde estarão?
Perdidas entre imensas conexões
de uma cabeça que não pensa quando deveria pensar.
O sentimento torna-se absoluto certas vezes,
o pensar torna-se obsoleto,
a caneta... um simples amuleto, penduricalho
a parte pensante, do meu eu tão falho.

Paralelos

Criei dois mundos
muitas pessoas, nenhum sentimento
sóis e luas, parques, bosques, flores, teorias
formas imperfeitas, inoportunas
ironia em demasia e melancólicas ruas vazias
peitos muito largos
cabeças nuas
muito espaço em branco
nenhum final quando deveria

Pensamentos sobre como deve ser o dia
a noite, as horas, os ponteiros que me seguem
a areia que me sufoca, a fumaça que tusso
que enobreço... romantizo
o teor de sarcasmo, a boemia, o contragosto, a falcatrua.

Palavras... frases ininterruptas sobre como o sono seria
bem vindo
se antes houvesse pensado que existiria necessidade
real de dormir,
comer
de se reproduzir

espalhar pelo mundo outros mais de mim
um pouco mais de você, quem sabe...
talvez assim fosse mais fácil lidar com tudo
com as cores que não criei
os pormenores que considerei desnecessários
aquelas coisas que não se pensam
apenas surgem sem mais nem menos
e fazem falta
como fazem falta...

Criei dois mundos
um abstrato um outro seu, de todos
real, tangível, regrado e pessimista
com horas contadas, dias finitos
poemas, conflitos e temporais no mês de janeiro
muitos deuses
pegadas que não me pertencem
coragem que não me apetece
amor que não me convém.

Engano

Posso estar errado, pelo menos um pouco
nunca na totalidade,
sempre em algum tom menor
quando me percebo na tonalidade verde escura
na fronteira de minha incompatibilidade.

E se porventura estiver perdido
com o olhar acabrunhado, fixado no horizonte
é porque estou sem jeito
intimidado por mim mesmo
procurando nos becos esboços da saudade
que sinto de tempos em tempos
quando convém
a uma alma simplista, apaixonada
descrente e totalitária
perplexa e ocasional
como as flores que deixe de entregar
os poemas perdidos no vento
nos rastros de meu coração.

Missa de sétimo dia

Sete dias se passaram desde ontem
minutos quase eternos, dias longos, cansativos.
Não houve beijo, não houve calor, tocaram ao solo meus
[lábios
na ingratidão do vidro
na ressonância da madeira
nos cantos e cumprimentos
daquilo que julgo eterno.

A mente muitas vezes se cansa, chega a exaustão
e a dor se arrasta, se alastra da mente ao coração
e o que passou tem o gosto da saudade que não foi vivida
saudade do que poderia ter feito e não fez

saudade infinita
saudade que começa intraduzível
saudade
sem nome
sem cor
Saudade
esquisita
sem hora

nem data
vontade...
saudade nos olhos do outro.
Saudade de toda promessa a todo momento
do corpo, da forma ou defeito...
saudade de toda palavra
saudade da chuva,
saudade que enche minha boca com sal quando digo
[que amo.

Saudade de eu e você na cama, na chuva, na escola
saudade de estar ao seu lado, de estar com você feito cola
desculpe-me a ausência e meu tempo perdido distante
sou tolo
mas mesmo distante ainda lembrava seu nome, seu
[dedo no bolo
ainda te amava escondido e enganava a mim mesmo
na busca...
na espera...
no pranto...
na ausência o encanto
nas noites de frio
nos dias de inverno
de meu coração.

Sofro

Sofro mas sofro calado
cabeça baixa, visão turva
o corpo tenso, pesado, a chuva.

Tento não sofrer cansado, não correr perdido
encontrar em qualquer canto um pouco mais de algo
meu que não eu mesmo
vislumbrar um novo tempo de otimismo comedido
não há força que restrinja o mal conselho.

Sofro... porém canto
por falso consolo
e cada qual é um pouco outro
um pouco entanto nada e muito
pitadas de orgulho... como sou orgulhoso.

Sofro, mas sofro calado
não conto ao mundo meu pedaço desarmônico de amor
sentimento bem guardado, já perdido, escondido em algum
outro que criei
vivendo como todos, a parte de tudo
distante de si
distante do mundo.
Sofro... mas sofro sozinho.

Inexistente

Não existe o amor puro
o abraço seguro
não existe o beijo estalado com gosto de quero mais.

O outono deixou de existir
deixou de existir também o inferno
o inverno ainda habita o coração dos desalmados
se é que ainda existe um corpo ou coração.
Deixou de existir o começo, o fim
o meio termo já cansado
partiu... como quem não vai voltar.

Não existe a cumplicidade
a veracidade dos fatos
foi-se embora o tempo em que o respeito existiu
foi-se embora o tempo, virou passado
vaga lembrança
história mal contada
saudosismo de boteco
poema rasgado.

Não existe o altruísmo
nem mesmo o abismo do ponto final.
Eu te amo é bom dia, boa noite
existe a palavra desprovida de valor
existe o rancor
nas cabeças... confusão
existe o problema, gigante
a pequena solução.

Existe o covarde
a hipocrisia
existe a guerra, a discórdia insiste em existir
não existe o porto das lágrimas
um dia existiu o sorriso
um dia existiu...
um simples dia
o nada existiu, fez-se verbo
todavia foi-se em prantos
nada foi pois nunca nada será.

Deixou de existir o começo
o poeta deixou de existir.

Soneto do adeus

A despedida dilacera a alma,
não tchau ou até mais, eu digo adeus
pela última vez em versos que ficarão guardados
eternamente, talhados na pedra que levo em meu peito.

Não há choro escondido na lembrança
tempos bons, sorrisos, inocência e descobertas
nos resta abraçar esta lei que nos rege
nos resta lembrar que o dia anoitece.

As ideias se confundem com a dor de ter que sentir
a dor de saber que acabou, a dor de chorar por saber
que o eterno é um sonho bonito com ponto final.

Frágil... mais frágil que o corpo
é a alma que vive a curar um problema
a vida acaba assim... como o fim de um poema.

Tóxico

A vida é veneno,
veneno que não se bebe
veneno que não mata, ou se mata faz sutil
morte matada ou morte morrida é veneno
o veneno da vida.

Veneno que corrompe, que destrói
veneno que estraga, veneno corrosivo que dissolve carne e
osso e o que era toque agora é pó
e os cacos do veneno são o resto que sobrou daquela que
falava demais.

Amor que não se define como veneno mas é, pois mata
é capaz de tornar o que era sorriso... miséria,
veneno que não se bebe
veneno que se beija e abraça
veneno sutil que um dia faz efeito e tortura
mas com calma
vem tudo a seu tempo
vem leve
vem lento
vem louco por ti e termina

agora tudo é ruína, tragédia
a vida é um jogo e o homem... um brinquedo que quebra
é veneno que mata por dentro
o que tomo é o veneno da vida que mata sem causar dor a pele, ao osso ou a carne
é coração da vida, do mundo, e jogado no lixo é somente mais um vagabundo
problema... apenas refugo.

A vida é veneno.
O veneno da vida
lento e doloroso
rápido ou sutil
veneno que mata...

A vida é veneno...
o veneno da vida é você.

Transpor

Amor inabalável, inconcebível ser
Amor inconsistente, inconsciente amar
Pensar intermitente, internamente horror
Transpor integralmente, inofuscável flor.

Amor irredutível, indiscutível cor
Amar indispensável, indissolúvel mar
Correr se for preciso, indescritível par
Dosar improdutivo, intensamente estar.

Chorar por improviso, não preciso rir
Deitar no chão de aço, o corpo liso faz
Tremer o osso frágil, o imprevisto traz
Sabor ao lábio vivo indesejável dor.

Propor a decadência, itinerante azar
Pousar a inteligência, integralmente um par
Transpor com mil palavras, simplesmente não
Deitar-se com covardes, não julgar-se amor.

Amor indestrutível, indissolúvel ser
Tardar o batimento, anoitecer-se em vão
Compor sem melodia uma opereta em lá
moldar sem sentimento um pensamento em si
olhar com olhos fartos um perdido sol
poupar do mundo triste seu olhar sem dó
amor inconsciente, eternamente amar.

Vício

No quarto sua blusa ensopada
resta na copa seu prato gelado
na ponta da escada um molho de chaves moído,
                              [enferrujado,
no corpo debruçado em minha cama existe um pouco de
                              [você.
Na sola da bota engraxada na pompa do rabo do gato
no tronco cortado no corpo entalhado
no findo marasmo e no excesso da fúria
a falácia que muda meu modo de ser.

Ainda existe um pouco de você na cortina
um pouco de você na porta aberta
na luz que não calo por medo do escuro
por baixo da cama e na parte de dentro do armário.

Um pouco de você no último trago de meu cigarro
no copo derramado, um pouco de você em cada esquina
em cada beco existe ainda uma parcela de você.

Existe mais de você que apenas matéria na folha
no canto da boca a ferida deixada não sara
na mesa uma carta esquecida, amarelada
no fundo dos olhos e embaixo da escada
existe ainda uma parcela de você

Há mais você neste poema que poesia
mais beleza no silêncio atordoante que no beijo
mais você esta em mim do que eu mesmo
no contorno de minha sombra
no esboço de meu pranto
em cada sala em cada canto
em cada passo em cada gota
existe um pouco de você

A língua,
vulgarizou-me como poeta das calúnias insensatas.

A palavra,
converteu em símbolos as profundas marcas deixadas em minhas costas.

A fala,
tornou-se incorreta, imprópria e desorganizada na mente que cansa da vida.

O silêncio,
mostrou-se intocável ao conservar em mim a essência reveladora da desordem.

Amanhã

Ontem, falei que amava e hoje acordei
ontem, mudei meu modo de ser e hoje mudei novamente
ontem, entreguei-me a prazeres sem forma e hoje me vejo
como ontem
fragmentado
juntando os pedaços do hoje sou eu.

Do mundo

Aquele coração que palpita infame dentro de mim
jamais foi meu e sim das horas... das coisas.
Meu lado esquerdo é pesado, colado no chão
calado quando deveria estar falante
falante ao invés de pensado
passado e não presente
presenteado
grudado ao invés de liberto
aberto quando deveria ser fechado
fachada quando deveria ser sincero.

Pobre deste coração que tem por dono o mundo
que palpita não em mim
mas nas ruas
nos parques e avenidas
que dentro de mim bate inseguro, mas bate
enganoso que vibra com dor bem no fundo
e não meu
mero andante
pobre tolo vagabundo
é simples coração da cidade
coração de mulher
coração meu do mundo.

De vez em quando

De vez em quando
e hora ou outra
bate uma tristeza que não sei
por não querer o descartável
não saber ser fim, ver o final
querer ver tudo sempre pronto
questionar o indecifrável.

De vez em quando
e quase sempre
não sou corajoso
paro e me viro no meio, antes do ponto final.
Aqueles que tem compaixão se flagelam
os outros (que amam demais) enlouquecem
eu que não amo ou odeio me engano
me escondo esperando um sentido para mim
que sou sem me levar a sério
sou quem não fui
e não serei quem desejo por não desejar.

De vez em quando
e quase sempre
penso estar errado
e vez ou outra
e quase nunca
sonho acordado
um desejo de ser quem não sou.

Gasto

A sola da bota está gasta, no todo, ressecada.
Os palitos mastigados nas duas extremidades, úmidos ainda.
O cinzeiro trasborda algo além de cinzas e bitucas.
Os livros estão rabiscados, os copos vazios, a parede...
esburacada.
As latas enferrujadas, as juntas rançosas
papéis espalhados pelo chão, bolor pelo teto e a poeira
por baixo da cama.

O sangue coagulado, a visão turva, a informação
[ultrapassada.
As cordas do violão estão estouradas, as revistas rasgadas.
O guarda-roupas está vazio, as fotos amareladas
os óculos estão embaçados
o cobertor não mais protege do frio.
As velas estão derretidas mas ainda quentes
no vaso, as flores procuram por sol.

Na boca os dentes gastos, nos olhos leve fogo
o rosto reserva os traços daquele que ainda ama
os olhos esperam por mais...
o corpo passa a ficar dolorido, os movimentos limitados

as portas rangem feito filmes do passado
um filme já visto diversos vezes, os diálogos... decorados,
as cartas descansam na cabeceira da cama
os bilhetes na porta da geladeira não mais dizem nada
os votos de felicidade eterna não mais significam nada
os versos rabiscados nada mais dizem a não ser o óbvio
as pernas não mais percorrem longos caminhos
o copo de vinho é pesado
as cartas na mesa são foscas
e mesmo que houvesse uma escolha
uma folha esperando a caneta
nada teria a ser dito, nada seria escrito com sangue
e mesmo que houvesse uma folha
uma escolha esperando atitude
nada teria a ser feito, nada seria escolhido de fato
e mesmo que houvesse um caminho
não haveria de ser percorrido, seria caminho dos contos
[de fadas.

O osso está mastigado, o piso quebrado
o rosto cansado
o tapete manchado com tinta vermelha
esperando por algo
e ainda que houvesse tempo de sobra
restaria somente a espera
a vaga lembrança
a discórdia final.

Descompassado

Espero que o tempo não me corrompa
não me torne alienado
menos eu que sou agora
espero...
sinto saudades, falta de esperança e medo...

Sinto desejo, covardia, alucinação e coragem
sei que tenho direito a meu mundo, meu porto
meu fundo do poço
as cenas de filme que assisto várias vezes
sem saber por qual razão o menino coitado
se perde no meio do mundo.

Um coração batendo
portas se abrindo e caindo um bêbado cambaleante
um coitado
um homem que como eu senta e chora
se entedia, se apaixona, se perde...
e se encontra antes que deem por falta.

Um simples coração
uma simples vida

A Ruptura

apenas corpo e só
nada mais
nada de metafísica ou filosofia
nada de teoria conspiratória ou teorema, conjectura
nada que valha a pena ser cantado
absolutamente nada
uma vírgula, um ponto na face da terra
um conto sem fim, uma ideia jogada
espalhada
virtuosa e desmistificada
augúrio de tempos vindouros
de fatos de outrora, começo

apenas um fardo, conselho
palavra bonita que tenho a dizer mas não digo

que extraio em fonemas
em frases perdidas
em versos sem fim.

Comunicamos

Ainda sobra tempo para uma música
uma dança,
sobra o tempo da criança
sobre as costas do adulto
sombra e água, fresca brisa
um botão de rosa na camisa
a forca aos inocentes
e ouro ao rei do nada
ao homem de lugar nenhum a foice
ao sábio o que é mundano
ao mundo o que é do mundo...
tudo em seu devido lugar.

Na corda do relógio
os ponteiros da incerteza
no amplo espaço do tempo
as fases da demência
aos tolos o que é dos tolos
ao mundo o que é do tempo
ao tempo o que é do corpo
ao sábio o que é do mundo

ao muito o que é do nada
aos poucos, o que enlouquece
enobrece a vida
aos muitos nada entardece...
nunca é dia de inverno.

Pensamentos

Pensamentos se tornam palavras
        (lentamente)
o coração parece não bater
as ideias parecem batidas
        (remoídas)
misturadas e absurdas
        (vazias)
A vontade de querer se torna
        (fraca)
a moleza do dizer se torna
        (angústia)
quando tudo o que se quer é uma
        (faca)
a dividir em dois pedaços
        (pensamentos)

Costume

Sofro por hábito
costume ou contradição
no regime totalitário
do que julgo sentimento
do que tardiamente aplaco
com a frequência de ser solitário
por ser desatento
exagerado e opaco
parco e carcomido
desprovido de sentido
seu sussurro me transborda
me convida
me maltrata
me consola
sem ter forma
frase
ou cor.

Tato

O movimento das mãos é irregular, cambaleante, bêbado
um pendulo que limita-se a ir e vir sem rumo certo
                                          [analfabeto
quando no escuro toca uma face desgastada... porosa.

Mãos que mundos tentaram carregar
chocaram-se em pontas de facas
jogaram moedas ao ar
na dança, tocaram no par
mas a música acabou...
acabou a utopia do toque, a ineficiência da razão.

Mãos que na carta disseram
indagaram, consumiram-se e lavaram-se
no ápice do momento
e num forte aperto um pacto selaram
domaram a fina forma do cigarro
sem controle estapearam-se
sem pouco se importar se era devido
ou se de fato era preciso agradecer.

Do bolso furtaram seus olhos
domaram nas cordas o tempo
tornaram do peso uma pena
da tinta um conforto
dos cacos de vidro um conselho
do pranto um momento escondido na sala de estar.

No coração a culpa
no peito a saudade
na cabeça não há mais sobriedade.

Cai o copo preenchido de desculpas
cai o corpo transbordante de mentiras
cai o mundo enquanto penso que levanto.

Alguém me disse que é tempo de decadência
que o topo do mundo é habitado por homens sem face
que sonham ter olhos... nenhum coração.

O tempo que existe no topo do mundo
atrasado
recorda na ponta da face o macaco
sem olhos
que sonha com a fome
nos galhos do homem que insiste em chorar.

O eterno que existe no galho dos olhos
não toca a fumaça da escolha, a miséria
a fome do homem que disse ao macaco a verdade
do tempo que sonha com seu desencanto.

A verdade que insiste que estamos pulando
no topo da face, enobrece a escolha de alguém
que nem sempre atrasado descobre ter olhos... nenhum
coração.

A Ruptura

Antes que o sol se ponha

Antes que o sol se ponha quero poder definir todas as
[nuvens
quero poder deitar preguiçoso na grama, tomar um gole de
[café preto
quem sabe até mesmo um beijo, um abraço caloroso.

Antes que o sol se ponha quero ao menos escrever um
[bilhete
quero uma festa, carnaval, a serenidade da manhã, o ócio da
[tarde
quero manter-me distante da angustia da noite fria e
[solitária.

Antes que o sol se ponha quero ter o falso poder da decisão
poder quem sabe escolher sem o peso do erro ou temor
cantar e beber e sofrer e se for necessário... chorar.

Antes que o sol se ponha quero dizer o que não foi dito
quero brincar de resolver por resolver o sofrimento
quem sabe até mesmo tocá-la uma última vez
antes que o sol se ponha.

Mesmo que eu fosse perfeito

Mesmo que eu fosse perfeito não seria o suficiente
se por acaso houvesse eu dito o que deveria
ainda assim não seria o bastante
não seria correto deixar de ser para fingir uma emoção
por isto hoje me calo, contra a vontade
tenciono ser parte do mundo.

Mesmo que eu tivesse provado seu gosto, sentido seu tato
ainda assim não teria partido do mundo
permaneceria eu e minhas manias
minha superstição, meu caráter duvidoso e meu gosto
desaconselhável.
Se houvesse eu lhe cantado uma canção
aberto o guarda-chuvas num dia de sol
pintado o nariz de vermelho
deitado no meio da rua num dia de outono
colado minha foto no poste
ou sentado pelado num trono

Ainda assim...

Não lhe teria por completo nem que tentasse
nem que fugisse de mim mesmo
em estado de constante aflito
constantemente contigo em meus pensamentos.

Se houvesse eu sido enfático, eloquente, satírico ou fanático
houvesse caminhado em brasa quente
se eu fosse um pouco mais inconsequente
um pouco mais civilizado
se eu houvesse me calado quando pude
ainda assim...

Não lhe teria por completo nem que deixasse
nem se eu soubesse o segredo que torna-lhe triste
nem que eu fosse um pouco menos desastrado
um pouco mais sentimental
e mesmo que eu fosse um ser inventado
desenho perfeito criado nas formas de sua loucura
E mesmo que houvesse eu deitado sua mão sobre a minha
beijado seu corpo, delicado
se houvesse eu lhe dito em sussurro que amo
seu corpo no abraço envolvido
seus olhos por horas colados nos meus...
contido seu choro contando piadas me feito de bobo
tornado seu mundo comédia, seu rosto sorriso
ainda assim
não lhe teria por completo.

Robson Gamaliel

Importante

Importante é corar sem forma
dizer errado, se contradizer
e ver-se fadado a viver sempre mudo
mesmo tendo um mundo
de coisas miúdas
na ponta da língua
esperando a dizer

Importante dizer o óbvio
o simples, de fato dizer
sem culpa ou sem medo
de um modo concreto
sem forma ou sem jeito
de um modo suspeito
falar sem saber

É importante estar errado
se possível o tempo todo
ter medo de tudo
sentir-se covarde
deixar de dormir noite e tarde

e esperar que a manhã lhe console
o amor inventado
o perder o controle
o sucesso que parte
e não tarda a voltar.

É importante e mais que importante
viver o exagero, o escasso, o meio termo
o rompimento e o devaneio
um banho quente
que precede o sono
o segredo, a abstenção
e o compromisso
é importante
um corpo liso lado a lado ao corpo seu.

É preciso ser auto destrutivo
esquecer a utopia da verdade
do sentimento compartilhado, do amor recíproco.

É preciso manter o corpo são, a mente plena
é preciso respirar barulho, mastigar fumaça
correr pelado as tantas da noite
e ora ou outra é preciso dormir, descansar.

É preciso ouvir eu te amo
o auto escárnio... mais que necessário
seguir a moda é ocupação dos desocupados
e a ironia é o bem maior dos recatados
aos envergonhados resta o ensolarado domingo na cama
restam os filmes sem legenda, os livros sem capa
poemas sem mote, a imensidão do falso amor próprio
o sentido extraído de ruas desertas.

Um dia

O léxico abateu-se e corou
ao dizer palavras belas de forma antecipada
correram rumores de paz
repostas indecorosas e todo mundo pareceu surpreso
as pessoas acordaram aflitas
insatisfação batendo no peito
falta de coragem latente
sorriso forçado
o choro exigido.

O barulho tomou conta de tudo
a expressão no olhar
não passou de impressão
o compromisso tornou-se angústia
a vida se tornou angústia, propriamente dita
desagradável, apenas vida
coisa de se viver a toa.

Rastros

O cheiro no lenço estampado um dia acaba
a mancha da boca na roupa
a voz que lhe disse promessas se apaga
perde-se no tumulto inconformado do cinzeiro
no constante dorme e acorda da rotina
no barulho inconformado da buzina
nervos rijos
noites mal dormidas.

Os fogos de artifício
pouco sabem sobre a sombra da memória
me disseram que era tempo de festa
tempo de ser outro
nas ruas não havia confete ou serpentina
rostos no chão imploravam por botinas
não havia cor suficiente
e o dia que era de festa também se acabou.

A tinta da caneta um dia acaba
o reflexo no lago
a cinza se repete e se propaga
a constante vira a curva e se atropela

cai da chuva em toda gota o fim
na barra da calça molhada
seus olhos que riram de mim.

O que chamo de poesia um dia acaba
seu faro e seu amor recém criado
e a canção que se repete, extenuante
se desgasta e toca muda
o sentimento que apagou.

O frio na barriga antes do que se imagina
o tratado universal das colombinas
o limite habitual do hiperativo
o que é tido como amor um dia acaba.